6 7 8 9 10

6 7 8 9 10

6 7 8 9 10

6 7 8 9 10

# 數字在哪裡

文・圖／五味太郎　譯／上誼編輯部

上誼

看數字，可以知道時間。

看數字，
可以知道日期。

3

看數字，可以知道溫度，

可以知道有沒有發燒。

也<sub>ㄧㄝˇ</sub>可<sub>ㄎㄜˇ</sub>以<sub>ㄧˇ</sub>知<sub>ㄓ</sub>道<sub>ㄉㄠˋ</sub>自<sub>ㄗˋ</sub>己<sub>ㄐㄧˇ</sub>有<sub>ㄧㄡˇ</sub>多<sub>ㄉㄨㄛ</sub>重<sub>ㄓㄨㄥˋ</sub>。

用數字，可以打電話，

也ㄧㄝˇ可ㄎㄜˇ以ㄧˇ
挑ㄊㄧㄠ選ㄒㄩㄢˇ電ㄉㄧㄢˋ視ㄕˋ節ㄐㄧㄝˊ目ㄇㄨˋ。

看數字，可以知道價格，

可以知道哪個貴哪個便宜。

看數字，可以知道鞋子的大小，

也<sub>ㄧㄝˇ</sub>可<sub>ㄎㄜˇ</sub>以<sub>ㄧˇ</sub>知<sub>ㄓ</sub>道<sub>ㄉㄠˋ</sub>衣<sub>ㄧ</sub>服<sub>ㄈㄨˊ</sub>的<sub>ㄉㄜ˙</sub>大<sub>ㄉㄚˋ</sub>小<sub>ㄒㄧㄠˇ</sub>。

11

用數字，可以區別一輛一輛的車子，

也可以馬上知道公車要去的地方。

看數字，可以知道道路的規定，

也可以知道到目的地還有多遠。

用數字，可以把信送到收信人的手上。

用數字，可以知道誰先誰後。

數字也可以代替人的名字。

看數字，可以找到自己的位子。

看數字，可以知道誰輸誰贏。

用數字，可以玩遊戲。

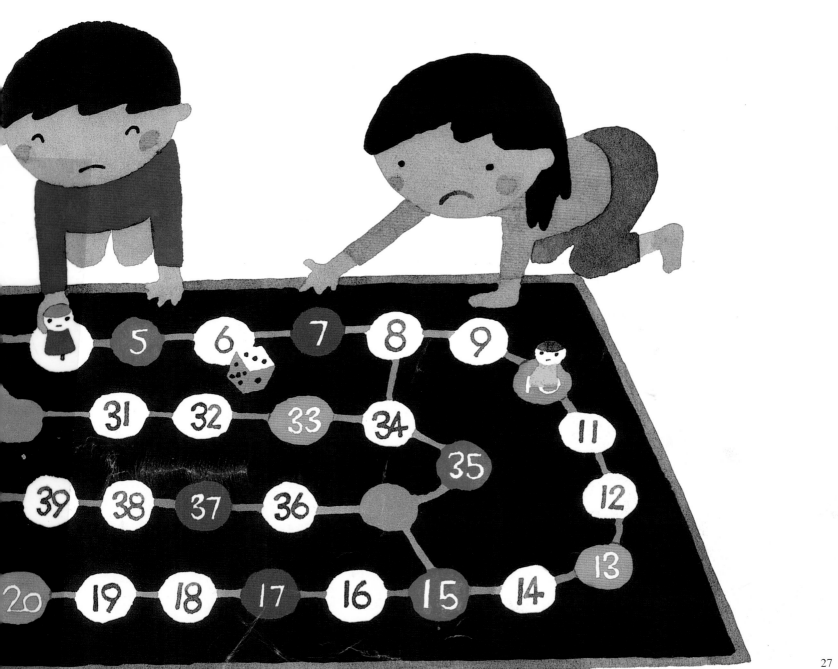

看數字，可以知道有沒有中獎。

還有，數字可以用來做各式各樣的計算，

也一可妥以一用恩來夢思ム考妥各發式ア各發樣一的勿事ア情氣。真蜂是ア方氣便翁！

看<sub></sub>數<sub></sub>字<sub></sub>，也<sub></sub>可<sub></sub>以<sub></sub>知<sub></sub>道<sub></sub>頁<sub></sub>數<sub></sub>喔<sub></sub>！

作者介紹　**五味太郎**（ごみたろう）

1945 年出生於日本東京。
畢業於桑澤設計研究所工業設計科。
從工業設計的領域轉而從事圖畫書創作，發表了許多獨特的作品。
同時是服飾設計家也是作詞家。
出版作品有《小金魚逃走了》、《誰吃掉了？》、
《藏在誰那兒呢？》、《鱷魚怕怕牙醫怕怕》、《春天來了》、
《我的朋友》、《窗外送來的禮物》、《我是大象》、《身體的各位》、
《我的創意畫冊》、《春天的創意畫冊》、《冬天的創意畫冊》、
《創意畫冊123》、《語言圖鑑系列》、《創意的遊戲書》等。

**すうじの絵本 SUJI NO EHON**

Copyright ©1985 by Taro GOMI

First published in Japan in 1985 by IWASAKI Publishing Co., Ltd.

Chinese translation © 2012 by Hsinex International Corporation

Complex Chinese translation rights arranged with IWASAKI Publishing Co., Ltd.

through Japan Foreign-Rights Centre & Bardon-Chinese Media Agency

All rights reserved.

中文版授權　上誼文化實業股份有限公司　出版發行

## 數字在哪裡

文・圖／五味太郎　譯／上誼編輯部

總策畫／張杏如　總編輯／高明美　主編／溫佩華　企畫／劉維中、曾于珊

美編主任／王素莉　美術編輯／李莉麗　生產管理／黃錫麟

發行人／張杏如　出版／上誼文化實業股份有限公司

地址／台北市重慶南路二段75號　電話／(02)23913384（代表號）

客戶服務／service@hsin-yi.org.tw　網址／http://www.hsin-yi.org.tw

郵撥／10424361上誼文化實業股份有限公司　定價／250元　ISBN／978-957-762-514-4

2012年1月初版　2012年12月初版三刷　印刷／中華彩色印刷股份有限公司

1 2 3 4 5 6 7 8 9 10

21 22 23 24 25 26 27 28 29 30

41 42 43 44 45 46 47 48 49 50

61 62 63 64 65 66 67 68 69 70

81 82 83 84 85 86 87 88 89 90